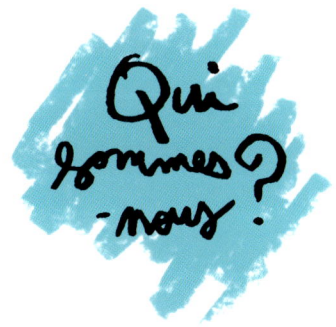

Les baleines et les dauphins

Texte d'Anne Lamy

MANGO JEUNESSE

Collection dirigée par Hélène Montardre
Maquette : studio Mango
Fabrication : Anne Floutier

© 2011, Mango Jeunesse, Paris
Dépôt légal : mars 2011
ISBN : 978 27404 28023
Code MDS : 60388
Photogravure : Turquoise
Imprimé en R.P.C. par Book Partners China Ltd - Janvier 2011
N° d'édition : M 11027-01

Loi n° 49-956 du 16 juillet 1949
sur les publications destinées à la jeunesse.

Sommaire

Les baleines et les dauphins — 8

Un corps pour vivre dans l'eau — 10

La vie entre l'air et l'eau — 14

Des sens bien adaptés — 18

Le secret des dauphins — 22

La grande famille des baleines — 26

Chasseurs de poissons — 30

Les baleines, de grandes voyageuses — 34

Des acrobates dans la mer — 38

Comment se parler dans l'eau ? — 42

Un petit arrive... — 46

Grandir dans l'eau — 50

Grand quiz sur les baleines et les dauphins — 54

Réponses au quiz — 58

Petit vocabulaire scientifique — 59

Les baleines et les dauphins

Un bateau de pêcheurs s'éloigne. Seules deux grosses vagues signalent encore son passage. Soudain, une forme bleutée surgit, suivie de deux autres : trois jeunes dauphins jouent dans les vagues ! Ils s'interpellent à grand renfort de clics et de sifflements. D'un coup, ils plongent d'un même élan, pour ressortir, quelques mètres plus loin, toujours aussi bavards. À des centaines de kilomètres de là, tout près de la banquise, des géantes grises somnolent. C'est l'après-midi. Les baleines ont fini leur repas et se reposent. Une mère veille sur son petit, né quelques mois plus tôt dans les eaux tropicales.

Depuis des siècles, ces deux espèces intriguent. Les dauphins, parce que les hommes s'en approchent, les caressent et les considèrent comme intelligents. Les baleines, car ce sont les plus grands êtres vivants sur notre planète et qu'elles émeuvent par leurs chants un peu tristes et leurs attitudes si curieuses. Ces mammifères marins n'ont pas grand-chose en commun avec les poissons qu'ils croisent chaque jour. Comment vivent-ils ? Comment naissent leurs petits et comment grandissent-ils ?

Les dauphins vivent en petits groupes très soudés. Toute la journée, ils communiquent entre eux en se touchant ou à l'aide de leur curieux langage.

Un corps pour vivre dans l'eau

Les baleines et les dauphins semblent si à l'aise dans l'eau qu'on oublierait presque que ce ne sont pas des poissons… mais des mammifères ! Il y a des millions d'années, leurs ancêtres vivaient sur la terre ferme. En passant de la terre à l'eau, leur corps a évolué. Pour s'adapter à la vie aquatique, les pattes avant se sont transformées en nageoires pectorales. Les pattes arrière, inutiles, ont disparu. Elles ont été remplacées par une queue, la nageoire caudale. Et pour garder leur corps à bonne température et le protéger du froid, leur peau a épaissi, ce qui est bien utile pour nager dans des mers parfois glaciales !

La baleine bleue, la plus célèbre des baleines, est très impressionnante. La plus grosse pesait 190 tonnes. Heureusement, la baleine ne s'attaque jamais à l'homme !

Comment les baleines résistent-elles au froid ?

Réponse 1 : En nageant très vite pour se réchauffer.

Réponse 2 : En se frottant les unes contre les autres.

Réponse 3 : Grâce à leur épaisse couche de graisse.

Qui suis-je ?

La baleine bleue

JE VIS :
Dans les mers froides près du pôle Nord, puis dans les mers tempérées des tropiques.

MA TAILLE :
Je mesure 23 mètres si je suis un mâle, et de 25 à 33 mètres si je suis une femelle.

MON POIDS :
Je pèse 80 tonnes si je suis un mâle, et de 100 à 150 tonnes si je suis une femelle.

MA PEAU EST :
Bleu-gris.

MES SIGNES PARTICULIERS :
Je suis le plus grand animal vivant. Ma langue pèse 4 000 kilos. Mon cœur a le même volume qu'une petite voiture ! En revanche, comme les autres baleines, je me contente de plonger à 150 mètres de profondeur.

Les baleines résistent au froid grâce à leur épaisse couche de graisse.

Panoplie anti-froid

L'épaisse couche de graisse sous la peau fonctionne comme une fourrure qui serait placée à l'intérieur du corps : elle isole du froid ! Grâce à elle, la baleine maintient son corps à bonne température, entre 36 et 38 °C. Cette couche de graisse est épaisse de cinq centimètres chez le dauphin, mais atteint de cinquante à quatre-vingts centimètres chez la baleine. Cette graisse a un autre avantage : comme elle est moins lourde que l'eau, l'animal flotte mieux et se déplace plus facilement. C'est drôlement pratique quand on pèse, comme la baleine, plus de cent tonnes !

Dans l'eau, plus on est volumineux, mieux on lutte contre le froid. La baleine l'a bien compris : la plus grande mesure 33 mètres !

Obligée de s'adapter !

La baleine est tellement grande, lourde et massive qu'elle aurait du mal à vivre sur la terre ferme. Se déplacer, par exemple, lui demanderait un très gros effort. Elle est bien plus à l'aise dans l'eau. Sa puissance lui permet de parcourir chaque année des milliers de kilomètres, traversant les océans du nord au sud ou du sud au nord. Ces voyages font d'elle l'un des animaux les plus mobiles de la planète.

La baleine semble bien lourde, mais, quand il le faut, certaines espèces, comme ici le rorqual commun, sont capables de nager à 40 kilomètres à l'heure. C'est presque la vitesse d'une voiture en ville.

Comme une torpille

Au fil du temps, le squelette des dauphins et des baleines s'est allongé. Leur corps a pris la forme d'une fusée et leur peau s'est adaptée pour faciliter les déplacements dans l'eau. Celle du dauphin, par exemple, est élastique : elle ondule pour absorber les turbulences que le dauphin peut rencontrer. Enfin, tout ce qui pouvait « freiner » la baleine et le dauphin a été camouflé ou s'est rétracté. Les oreilles sont presque invisibles, les organes sexuels et les mamelles sont cachés dans des replis du corps. Ils ne sortent qu'en cas de besoin.

La peau du dauphin est couverte de mucus, une espèce d'huile qui facilite la glisse.

Certaines baleines ont des dizaines de plis sous la gorge. Cette bouche « en accordéon » s'adapte à la nécessité d'avaler des kilos de krill (petites crevettes).

La vie entre l'air et l'eau

Normalement, un mammifère vit sur la terre ferme. Les baleines et les dauphins sont différents de leurs cousins terrestres puisqu'ils vivent dans l'eau. Mais comme eux, ils ont des poumons. Ils doivent donc remonter à la surface pour respirer, ce qui a entraîné des modifications de leur corps, par exemple, la forme de leur queue. Mais remonter respirer à l'air n'est pas sans risque : leurs ennemis, comme l'orque, peuvent maintenir un dauphin sous l'eau pour tenter de le noyer. Comment ces prédateurs ont-ils compris que c'était ainsi qu'il fallait attaquer les dauphins ?

Pour s'adapter à la vie dans l'eau, les narines du dauphin se sont déplacées de l'avant jusqu'au-dessus de sa tête. Elles se sont réunies en un seul trou, l'évent.

Combien de temps un dauphin peut-il rester sous l'eau ?

Réponse 1 : 1 minute.
Réponse 2 : 15 minutes.
Réponse 3 : 2 heures.

Qui suis-je ?

Le dauphin bleu et blanc

JE VIS :
Dans les eaux tempérées de l'Atlantique et du Pacifique.

MA TAILLE :
Je mesure de 1,80 à 2,50 mètres.

MON POIDS :
Je pèse de 90 à 150 kilos.

MA PEAU EST :
Gris-bleu et blanche, comme mon nom l'indique. Des lignes plus claires, qui partent de mon œil, font des dessins clairs ou foncés sur ma peau.

MES SIGNES PARTICULIERS :
Je vis entre 30 et 50 ans. Vivre 50 ans, lorsqu'on est un dauphin, ce n'est pas si fréquent !

Un dauphin peut rester 15 minutes sous l'eau.

Le dauphin aspire l'air par son évent, situé sur le sommet de son crâne. Quand il est sous l'eau, un clapet ferme automatiquement cette narine unique.

Pris accidentellement dans un filet de pêche, le dauphin ne peut pas remonter respirer et il meurt asphyxié. Ces accidents sont la première cause de mortalité chez les dauphins.

Une respiration perfectionnée

Quand le dauphin monte à la surface de l'eau, il souffle par son évent et prend une grande bouffée d'air. Il peut vider ses poumons d'un coup et renouveler son oxygène presque en totalité : c'est très pratique, juste avant de plonger ! Il a un autre atout : son rythme respiratoire est moins rapide que celui des mammifères terrestres. De plus, lorsqu'il plonge, les battements de son cœur ralentissent. Mais comment supporte-t-il la pression de l'eau, qui augmente quand on s'enfonce ? Le dauphin a des côtes souples ; elles se plient un peu dès qu'il plonge. Elles protègent ainsi la cage thoracique pour éviter qu'elle s'écrase.

Les jets de vapeur de la baleine

Contrairement au dauphin, qui sort le corps de l'eau pour respirer toutes les trois à quinze minutes, la baleine se contente de souffler sans faire apparaître son corps à la surface. Et elle peut rester immergée plus longtemps que le dauphin. D'elle, on ne voit que des jets de vapeur qui sortent soudain de l'eau dans un grand bruit. Certains jets sont impressionnants. Ils montent tout droit vers le ciel ou prennent la forme d'un V et retombent comme une fontaine. Leur forme permet d'identifier l'espèce de baleine qui vient de souffler.

Le jet de vapeur sort de l'évent de la baleine à très grande vitesse. Chez certaines espèces, il monte à plus de 10 mètres de hauteur !

Une nageoire caudale efficace

Le corps des baleines et des dauphins s'est bien adapté à la nécessité de remonter à la surface, comme le montre leur nageoire caudale. Elle fonctionne de haut en bas, pour leur permettre de venir prendre une bouffée d'air. Les nageoires pectorales, sur les côtés, servent à s'orienter à droite et à gauche. Comme la nageoire caudale est très puissante, un simple coup de queue suffit à propulser l'animal vers la surface, puis à le faire replonger. Chez les poissons, qui n'ont pas besoin de remonter à la surface, cette nageoire bouge de droite à gauche.

Les chercheurs identifient une baleine par sa nageoire caudale, car il n'y en a pas deux tout à fait pareilles.

Des sens bien adaptés

Dans l'eau, c'est difficile de « sentir » les odeurs : elles se diluent sans que l'on puisse savoir d'où elles proviennent. Baleines et dauphins n'ont donc pas un odorat très développé. Le dauphin n'en a même pas du tout ! Mais ces animaux, avec le temps, ont compensé cette faiblesse. Ils ont développé d'autres sens, comme l'audition ou le toucher. Cela leur permet de s'orienter dans l'eau, de faire de longs déplacements sans s'égarer, de repérer leurs proies et de garder le contact entre eux. Par exemple, les dauphins se frôlent les uns aux autres ou se font des câlins dans la journée, pour signaler leur présence ou leur attachement.

Contrairement aux autres baleines, la baleine grise se nourrit en remuant le fond des mers pour y trouver des crustacés et des coquillages. Elle préfère donc vivre en eaux peu profondes, près des côtes.

La baleine a-t-elle des oreilles ?

Réponse 1 : Non, elles ont disparu car l'eau rentrait dedans.

Réponse 2 : Oui, elles sont très grosses, à côté de ses yeux.

Réponse 3 : Oui, mais elles ne sont pas visibles de l'extérieur.

Qui suis-je ?

La baleine grise

JE VIS :
Dans les mers du Pacifique Nord et de l'Arctique.

MA TAILLE :
Je mesure de 12 à 15 mètres.

MON POIDS :
Je pèse de 25 à 30 tonnes.

MA PEAU EST :
Grise.

MES SIGNES PARTICULIERS :
Je suis la moins évoluée de toutes les baleines. D'abord, mon museau comporte des poils, qui ont disparu chez les autres baleines car ils freinent les déplacements. Et je pêche comme les premiers cétacés : je fouille les fonds marins à la recherche de mes proies préférées.

Oui, la baleine a des oreilles, mais elles ne sont pas visibles de l'extérieur.

Pas d'oreilles visibles ? C'est normal. Elles ont disparu pour améliorer la glisse de la baleine. Mais à l'intérieur de la tête, il y a un système auditif très efficace.

Où sont les oreilles ?

Ce n'est pas parce que la baleine et le dauphin ont des oreilles peu visibles qu'ils sont sourds. La baleine, par exemple, entend très bien le krill : des milliards de crevettes qui se déplacent, ce n'est pas silencieux ! Mais ses oreilles ne fonctionnent bien que sous l'eau ; dès qu'elle sort la tête à l'air libre, la baleine est sourde. Chez le dauphin, les oreilles se résument à deux petits trous situés derrière les yeux. Il a pourtant l'ouïe très fine. Car il n'entend pas seulement grâce à ses oreilles : sa mâchoire du bas peut aussi recevoir et transmettre des sons.

Une bonne vision

La baleine a les yeux bien petits par rapport à son corps ! Mais, malgré leur petite taille, ils sont assez efficaces. Ils ont cependant un défaut : ils sont placés vers le milieu de la tête. La baleine est donc obligée de se mettre de profil si elle veut voir quelque chose qui est situé devant elle. Le dauphin a presque le même problème. Comme il ne peut pas voir avec ses deux yeux en même temps, il n'a pas de vision en relief. C'est gênant pour connaître la forme du poisson ou du bateau qu'il a devant lui…

La baleine a des yeux de petite taille par rapport à son corps, mais cela ne l'empêche pas de bien voir. Ses paupières s'ouvrent en grand dans l'obscurité et se ferment un peu dans la lumière.

Les dauphins aiment les contacts physiques entre congénères ou même avec les humains.
Sur certaines plages, ils viennent s'amuser avec les enfants.

Le toucher, un sens important

La baleine et le dauphin sont tous deux très sensibles au toucher. L'attitude des mères avec leurs bébés montre bien que ces animaux communiquent en se touchant, par exemple pour se saluer, se rassurer ou montrer leur attachement.
La peau de la baleine, lui sert aussi à se repérer lors de ses migrations, grâce aux changements de température de l'eau. Et le dauphin serait bien malheureux s'il devait passer une journée sans se faire caresser ou sans se frotter à un de ses compagnons.

L'orque est l'un des plus dangereux prédateurs marins. Heureusement, grâce à leurs sens très développés, les baleines et les dauphins savent la repérer quand elle approche.

Le secret des dauphins

Dans l'eau, passés les premiers mètres proches de la surface, il ne fait pas très clair. Et quand le dauphin plonge à trois cents mètres de profondeur, il fait tout à fait noir ! Le dauphin doit donc avoir un moyen efficace pour se repérer dans l'eau, trouver à manger, éviter les obstacles et échapper à ses ennemis. Cet outil si pratique, c'est l'écholocation, un système très perfectionné qui permet de « voir » sans se servir de ses yeux. Le dauphin n'est pas le seul animal à en être équipé. La chauve-souris, qui vit elle aussi dans l'obscurité, se sert également de ce super-radar.

Le front du dauphin, appelé « melon », est un peu le « chef d'orchestre » du système très complexe de l'écholocation.

Pour se repérer dans l'eau :

Réponse 1 : Le dauphin envoie des sons.
Réponse 2 : Le dauphin fait des bulles.
Réponse 3 : Le dauphin fait des ronds.

Qui suis-je ?

Le dauphin commun

JE VIS :
Au large ou près des côtes des mers tropicales et tempérées de l'Atlantique et du Pacifique. On me croise aussi en Méditerranée.

MA TAILLE :
Je mesure de 1,70 à 2,40 mètres.

MON POIDS :
Je pèse de 70 à 110 kilos.

MA PEAU EST :
Gris foncé, avec du jaune sur les flancs. Mon ventre est blanc.

MES SIGNES PARTICULIERS :
On me reconnaît grâce au dessin en forme de sablier que je porte sur les flancs. Je suis l'un des dauphins les plus acrobatiques et les plus rapides : je peux nager à 65 kilomètres à l'heure !

Pour se repérer dans l'eau, le dauphin envoie des sons.

Pour savoir si l'eau est profonde ou si la côte est proche, le dauphin envoie des sons que l'oreille humaine n'entend pas. Ces sons très aigus s'appellent des « ultrasons ».

Se repérer sans les yeux

Pour s'orienter dans l'obscurité, le dauphin émet une série de sons très brefs, qui ressemblent à des clics. Ces sons vont « rebondir », comme un écho, sur l'obstacle rencontré : un poisson, un rocher, un bateau. Le dauphin analyse l'écho pour savoir à quelle distance se trouve ce qu'il a devant lui et de quoi il s'agit. Il a repéré un poisson ? Aussitôt, il le suit. Quand il s'en approche, le temps qui s'écoule d'un écho à l'autre se raccourcit… Et quand il est tout près, il n'a plus qu'à passer à l'attaque !

Chaque obstacle rencontré renvoie un son différent. Le cerveau du dauphin interprète ce son et « reconstitue » l'image du poisson ou de l'ennemi qu'il vient de croiser.

Quand la vision est limitée

L'écholocation est très précieuse, en particulier pour les dauphins qui voient mal. C'est le cas des quelques espèces qui vivent en eau douce, comme le dauphin de l'Amazone ou celui du Gange, qui est presque aveugle. Mais dans ces fleuves, une bonne vision ne serait pas vraiment utile car l'eau est trouble et boueuse. S'il a détecté un poisson enfoui dans le sable, le dauphin fait le poirier et se sert de son bec, le rostre, pour fouiller le fond de l'eau. Drôle de technique ? En tout cas, elle est très efficace.

Pour se repérer, le dauphin de l'Amazone se sert de l'écholocation, mais aussi de ses vibrisses, des sortes de moustaches sans lesquelles il serait un peu perdu.

Il y a trop de bruit !

Le système de l'écholocation ne fonctionne qu'à une condition : il faut que le dauphin entende l'écho du son qu'il a envoyé. Parfois, il n'y arrive pas car le son est masqué par le bruit de fond marin. Les bateaux de pêche ou de tourisme, les hors-bords, les plates-formes de forage de pétrole : tout ceci est assourdissant pour les habitants sous-marins. Quand ils ont du mal à utiliser l'écholocation, les dauphins ne savent plus où ils sont et deviennent incapables de chasser. Certains sont tellement désorientés qu'ils se font heurter par des bateaux. Chaque année, des centaines de dauphins meurent, victimes de ces accidents.

Le bruit fait par les hommes désoriente le dauphin. Il empêche aussi de vivre là où il le souhaite, de se reproduire et de s'alimenter correctement.

La grande famille des baleines

Quand on dit « baleine », on pense souvent à la plus gigantesque d'entre elles, la baleine bleue, qui peut mesurer trente-trois mètres. Mais elles ne sont pas toutes aussi monumentales ! Qu'elles soient grandes ou petites, la plupart des baleines n'ont pas des dents mais des fanons, des lamelles plantées dans la mâchoire du haut, dures comme des ongles. Disposés en peigne, ces fanons filtrent la nourriture. Ils laissent l'eau s'écouler et retiennent les poissons, les petits crustacés et le krill dont elles raffolent. Enfin, les baleines partagent toutes le même mode de vie : ce sont de grandes voyageuses.

Avec la baleine pygmée, le petit rorqual est le plus petit de sa famille. Il est quatre fois plus petit que la baleine bleue !

Qui suis-je ?

Le petit rorqual

JE VIS :
Dans les eaux tempérées et froides de l'hémisphère Nord et de l'hémisphère Sud.

MA TAILLE :
Je mesure de 6 à 8 mètres.

MON POIDS :
Je pèse de 5 à 8 tonnes.

MA PEAU EST :
Gris foncé.

MES SIGNES PARTICULIERS :
On me reconnaît facilement, car j'ai le museau pointu et une large bande blanche sur les nageoires pectorales.

Pourquoi y a-t-il des « petites » baleines ?

Réponse 1 : Parce qu'elles ont un très petit appétit.

Réponse 2 : Parce que leur croissance est très lente.

Réponse 3 : Parce qu'elles n'ont pas besoin d'être énormes pour survivre.

La baleine franche du Groenland ne verra jamais ses sœurs qui habitent au pôle Sud : leur migration se fait avec 6 mois de décalage !

Il y a des « petites » baleines car elles n'ont pas besoin d'être énormes pour survivre.

Des grandes et des petites

La taille des baleines varie selon l'endroit où elles vivent et selon la quantité de nourriture qu'elles ingurgitent. Les baleines des zones polaires ont intérêt à être très grosses car ainsi elles résistent mieux au froid. Les espèces de taille moyenne, elles, préfèrent les eaux tempérées. Pendant des siècles, la plupart des baleines ont été chassées par l'homme. Certaines ont même failli disparaître. La baleine franche australe, par exemple, était facile à chasser car elle nageait lentement… et une fois morte, son corps continuait à flotter ! Malgré tout, on trouve encore aujourd'hui des baleines dans toutes les mers de la planète.

La baleine bleue vit souvent seule ou en très petits groupes. Elle a un tel appétit que les autres baleines préfèrent se tenir à distance.

Le béluga s'appelle aussi « baleine blanche ». En fait, ce n'est pas une baleine, mais un dauphin blanc qui vit souvent dans l'embouchure des fleuves.

Une exception, la baleine à bec

Une seule espèce de baleine n'a pas de fanons, c'est la baleine à bec. On l'appelle « baleine », mais c'est une erreur des premiers scientifiques qui l'ont observée. Ils l'ont classée dans la famille des baleines alors qu'il s'agit d'une « cousine » des dauphins, une sorte de dauphin primitif. Cette baleine se rencontre dans tous les océans, dans une eau de plus de 10 °C. Elle est craintive et très sensible au bruit. Cela expliquerait qu'elle s'échoue parfois vivante sur les côtes, comme si le bruit produit par les hommes lui avait fait perdre ses repères.

Comme ses cousins éloignés, les dauphins, la baleine à bec de Cuvier se nourrit de poissons, de crustacés et de calmars.

Même bouche, même régime

Qu'elles soient grosses ou petites, les baleines ont de nombreux points communs. Ainsi, la plupart d'entre elles ont une frange de fanons suspendus de chaque côté du palais. Ces fanons sont plus ou moins longs selon les espèces. Ils permettent aux baleines d'ingurgiter une grande quantité de nourriture en une seule bouchée. Et ils indiquent que les baleines partagent la même façon de se nourrir : de très gros repas, composés de minuscules proies.

Chasseurs de poissons

Pour se nourrir, les baleines doivent avoir une bonne technique de pêche. La plupart « ratissent » l'eau avec leurs fanons, mais chaque espèce a sa spécialité. Les baleines franches, qui nagent lentement, avancent bouche à demi ouverte, filtrent l'eau et n'avalent que le krill. D'autres ne font pas de détail. Elles nagent bouche grande ouverte et avalent tout, l'eau et le krill. Elles engouffrent des litres d'eau… de quoi remplir une petite piscine ! Baleines et dauphins ont un point commun : ils savent que la pêche en groupe est très efficace pour encercler ou surprendre un banc de poissons.

Le dauphin se régale de poissons, qu'il avale tout rond, sans les mâcher. Ce n'est pas grave : comme les vaches, il a trois poches pour digérer son repas.

Le krill, le menu préféré des baleines, est constitué :

Réponse 1 : De petites crevettes.
Réponse 2 : De gros calmars.
Réponse 3 : De poissons des grandes profondeurs.

Qui suis-je ?

Le dauphin de Risso

JE VIS :
Dans toutes les mers tempérées, de l'Atlantique au Pacifique, en passant par la Méditerranée.

MA TAILLE :
Je mesure de 3 à 4,30 mètres.

MON POIDS :
Je pèse de 300 à 500 kilos.

MA PEAU EST :
Gris clair et s'éclaircit avec l'âge.

MES SIGNES PARTICULIERS :
J'en ai deux ! D'abord, je n'ai pas de bec, mais un énorme melon, tout rond. Ensuite, dès que je reçois un coup, mon corps en garde la cicatrice. Si bien qu'en vieillissant, je deviens presque blanc, comme mon cousin le béluga, et couvert de balafres.

Le krill, le menu préféré des baleines, est constitué de petites crevettes.

Repas de géante

Le krill est abondant dans les eaux près des pôles. C'est pour cela que les baleines, en dehors des périodes de migration, aiment séjourner dans les eaux polaires. Elles en font une consommation étonnante. Leur ration varie de plusieurs kilos à plus de deux tonnes par jour pour les plus grosses mangeuses, les baleines bleues. Mais les baleines ne sont pas les seules à aimer ce krill ; depuis peu, les hommes le pêchent aussi. S'il n'y a plus assez de krill, d'ici quelques années, les baleines seront peut-être obligées de modifier leur régime alimentaire, et même de changer de lieux de vie…

Avec une tête qui fait un tiers de son corps et une énorme bouche, la baleine de Biscaye, ici avec un amas de coquillages sur la tête, est une excellente pêcheuse.

Les dauphins mangent de tout

Les dauphins ont un régime alimentaire très varié. Ils consomment des calmars, des seiches, des pieuvres, des crustacés et toutes sortes de poissons comme des harengs, des anchois ou encore des sardines. Mais si, pendant un moment, il faut changer de menu, ce n'est pas grave. Le grand dauphin, par exemple, modifie son régime alimentaire selon les saisons pour rester au même endroit. Les calmars ont disparu ? Tant pis, il s'en passera !

Les dauphins pêchent en groupe. Ils font le guet à tour de rôle. Pendant que deux d'entre eux montent la garde, les autres se régalent.

Des pêcheurs très rusés

Lorsque les baleines repèrent un banc de poissons, elles s'en approchent, l'encerclent et se laissent « couler » en faisant des bulles. Effrayés, les poissons se regroupent et remontent vers la surface. Les baleines n'ont plus qu'à avancer, bouche grande ouverte… Les dauphins aussi sont malins. Ils guettent les oiseaux de mer qui tournoient au-dessus de l'eau : s'ils sont là, c'est que des poissons ne sont pas loin ! Quand les dauphins ont repéré le banc de poissons, ils s'élancent dans les airs et plongent bruyamment pour effrayer les poissons et les faire remonter à la surface. Il n'y a plus qu'à se servir !

Le mur de bulles est un moyen simple mais efficace pour effrayer les poissons. Les baleines à bosse et les petits rorquals en sont les grands spécialistes.

Le dauphin d'Électre a la bouche blanche. Certains experts pensent que cette blancheur sert à attirer ses proies.

Les baleines, de grandes voyageuses

Lorsque le krill vient à manquer après l'été polaire, les baleines commencent leur traversée des mers. Celles qui vivent dans l'hémisphère Nord quittent les eaux glaciales vers le mois de septembre. Au début de l'année suivante, elles atteignent les eaux tempérées de l'Atlantique ou du Pacifique. Le voyage est long et fatigant et il leur fait perdre un tiers de leur poids ! Arrivées à destination, les baleines restent là quelques semaines avant de reprendre la route du retour, pour trois nouveaux mois de migration.

La baleine à bosse effectue de très longues migrations. Nageant des milliers de kilomètres par an, elle part des pôles pour rejoindre les régions proches de l'équateur, là où l'eau n'est jamais froide.

Pourquoi la baleine migre-t-elle ?

Réponse 1 : Parce qu'elle s'est fâchée avec ses voisines.

Réponse 2 : Pour se reproduire et donner naissance à un petit.

Réponse 3 : Pour prendre des vacances.

Qui suis-je ?

La baleine à bosse

JE VIS :
Dans les eaux froides et tempérées des deux hémisphères.

MA TAILLE :
Je mesure de 12 à 16 mètres.

MON POIDS :
Je pèse de 25 à 33 tonnes.

MA PEAU EST :
Gris foncé sur le dos, blanche sur le ventre.

MES SIGNES PARTICULIERS :
C'est moi qui ai les plus longues nageoires pectorales de ma famille. Je m'appelle « baleine à bosse » pour deux raisons : à cause de la forme bossue de ma nageoire dorsale et parce que, avant de plonger, je fais le dos rond. Et alors, de moi, on ne voit plus qu'une bosse !

La baleine migre pour se reproduire et donner naissance à un petit.

Les baleines qui viennent des pôles Nord et Sud, sont les premières à migrer. Ici, c'est une baleine franche australe qui arrive d'Argentine au pôle Sud.

Un bébé dans l'eau tiède

Donner naissance à son petit en eau tempérée est bien utile. Ainsi, le baleineau ne risque pas de mourir de froid à la naissance. Et comme la baleine porte son bébé pendant un an, reproduction et naissance se font dans des eaux tempérées. Mais ces eaux sont peu poissonneuses. Les baleines sont donc obligées de repartir ensuite faire leurs provisions de krill aux pôles, en Arctique ou en Antarctique. Pendant ces voyages, les baleines se dirigent avec une précision étonnante. On pense qu'elles ont une sorte de « boussole » interne, qui fait qu'elles se trompent rarement de destination.

Voyager, mais pas chaque année...

Beaucoup de baleines, comme la baleine bleue, ne se reproduisent qu'une année sur deux. Elles attendent un petit ? Elles entreprennent le long voyage qui les éloigne des eaux froides de la banquise pendant six mois. En revanche, l'année où elles ne donnent pas naissance à un petit, elles n'ont pas besoin de migrer. Elles s'évitent ainsi un trajet fatigant, ce qui leur permet de reconstituer leurs forces pour l'année suivante. Elles seront ainsi prêtes pour produire le lait très riche qui nourrira leur futur baleineau.

La baleine quitte les eaux glacées pour rejoindre tranquillement les tropiques. Elle parcourt entre 5 et 15 kilomètres à l'heure. La route est longue, il ne faut pas démarrer trop vite !

Malgré leur « boussole » interne, il arrive que des baleines s'échouent vivantes. Les scientifiques ne comprennent pas pourquoi : ont-elles été dérangées ? Ont-elles paniqué à cause d'une tempête ou d'un tremblement de terre ?

Jamais seule en voyage !

Pour accomplir leur long voyage, les baleines se rassemblent en petits groupes de deux à six individus, menés par les femelles et les vieilles baleines. Les baleines qui attendent un bébé ou les nouvelles mères nagent en tête. Les premières se dépêchent d'arriver pour donner naissance à leur baleineau dans une eau tiède. Lors du voyage de retour, les mères qui repartent aux pôles accompagnées de leur jeune sont encore en tête : elles ont hâte de retrouver l'abondance de krill des eaux froides pour reconstituer leurs réserves de graisse.

Quand un groupe se déplace, les mâles et les jeunes suivent les femelles de près.

Des acrobates dans la mer

Baleines et dauphins sont célèbres pour les sauts qu'ils effectuent dans l'eau. Le dauphin, surtout, est capable de réaliser d'incroyables cabrioles. Tel un ressort, il surgit de la mer, tourne sur lui-même avant de se laisser retomber sur le côté ou sur le dos, provoquant de grandes éclaboussures. Ces bonds montrent que le dauphin aime jouer, dans l'eau comme dans l'air. La baleine aime sauter, elle aussi. Quand, d'un puissant coup de nageoire caudale, elle lance son corps hors de l'eau, elle paraît presque légère.

Le dauphin adore jouer dans les vagues provoquées par un bateau. Mais il faut être très agile pour surfer ainsi devant un gros paquebot !

À quoi servent les sauts des baleines et des dauphins ?

Réponse 1 : À voir très loin.
Réponse 2 : À se rafraîchir.
Réponse 3 : À jouer et à séduire.

Qui suis-je ?

Le dauphin à long bec

JE VIS :
Dans les eaux tropicales de tous les océans.

MA TAILLE :
Je mesure de 1,30 à 2,20 mètres.

MON POIDS :
Je pèse de 45 à 75 kilos.

MA PEAU EST :
Gris foncé sur mon dos et blanche sur le ventre.

MES SIGNES PARTICULIERS :
Comme mon nom l'indique, j'ai un bec très long. Et je suis champion de sauts : je fais des bonds verticaux spectaculaires. Quand je saute, je peux tourner sur moi-même jusqu'à sept fois de suite !

Quand ils nagent en groupe, les dauphins remontent souvent tous en même temps à la surface et sautent très haut, avant de replonger tous en même temps.

Les sauts des baleines et des dauphins servent à jouer et à séduire.

Des sauts qui séduisent

Pour conquérir la femelle avec laquelle il s'accouplera, le dauphin mâle essaie de se faire remarquer. Il multiplie les acrobaties et les sauts spectaculaires. Il est capable de s'envoler jusqu'à six mètres au-dessus de la surface de l'eau ! Ces jeux amoureux durent plusieurs jours. Chez les baleines, les sauts servent aussi à séduire les femelles pendant la saison des amours. Les mâles associent leurs sauts, moins spectaculaires que ceux des dauphins, à des chants. Si le mâle est à la fois acrobate et bon chanteur, la femelle est conquise.

Pour reprendre sa respiration, le dauphin n'est pas obligé de sauter hors de l'eau. Il peut tout simplement marsouiner, en faisant juste sortir sa tête de l'eau.

Un saut qui alerte

Les sauts effectués par les baleines et les dauphins servent aussi à transmettre une information à ceux qui les suivent. La baleine à bosse, par exemple, sort le corps de l'eau, puis se laisse retomber sur le dos en agitant ses nageoires, soit en même temps, soit l'une après l'autre. On ne sait pas ce qu'elle dit à ses compagnes, mais on pense qu'elle leur envoie un signal. Elle a peut-être vu un banc de poissons ou une orque qui s'approche… Le dauphin aussi fait parfois des cabrioles qui ont la même signification.

La baleine à bosse est recouverte par endroits de petits coquillages qui s'accrochent à son corps. Certains scientifiques se demandent si les sauts des baleines ne serviraient pas parfois à essayer de décrocher ces intrus.

Quand les dauphins s'amusent

Quelquefois, les sauts ne servent à rien d'autre qu'à se faire plaisir. Les acrobaties du dauphin montrent qu'il est très joueur. Ce caractère se retrouve à d'autres occasions. Par exemple, entourés de ses compagnons, le dauphin joue « à la balle » : à tour de rôle, les dauphins se lancent quelque chose qu'ils ont trouvé dans la mer, comme ils le feraient avec une balle. Cela peut être une algue, un bout de bois… ou une méduse !

En pleine mer, les dauphins trouvent toujours de quoi s'amuser. Avec eux, une méduse peut se transformer… en ballon de football !

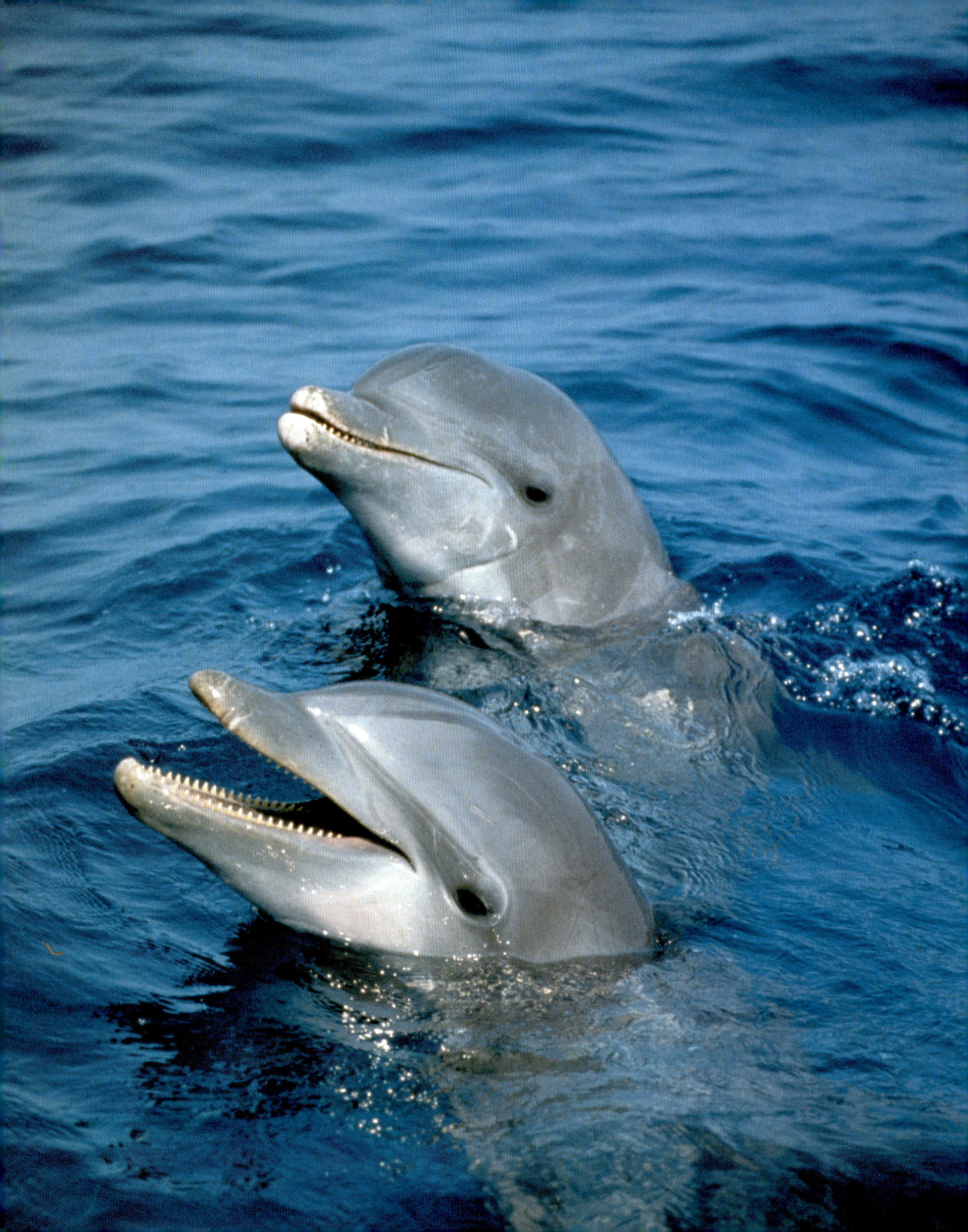

Comment se parler dans l'eau ?

Les unes sont célèbres pour leurs chants langoureux, et les autres pour leurs clics et leurs sifflements. Les baleines et les dauphins sont vraiment de grands bavards ! Nous ne comprenons pas ce qu'ils se disent, mais c'est bien un langage qui leur permet de communiquer entre eux toute la journée. Cette richesse des sons, notamment chez le dauphin, est une des raisons pour lesquelles les hommes pensent qu'il est intelligent. Mais mesurer l'intelligence d'un animal est une tâche bien difficile.

Quand deux dauphins se rencontrent, ils se présentent... en sifflant. Chaque dauphin a un sifflement qui lui est propre, un peu comme un prénom.

En quoi les sons des baleines et des dauphins sont-ils spéciaux ?

Réponse 1 : Ils sont aigus.

Réponse 2 : L'oreille humaine ne les entend pas tous.

Réponse 3 : On ne sait pas à quoi ils servent.

Qui suis-je ?

Le grand dauphin

JE VIS :
Dans toutes les mers tropicales et tempérées.

MA TAILLE :
Je mesure de 2,70 à 4 mètres.

MON POIDS :
Je pèse de 200 à 650 kilos.

MA PEAU EST :
Gris-bleu ou gris-brun, et claire sur mon ventre.

MES SIGNES PARTICULIERS :
Je suis le plus connu des dauphins. Je vis plutôt près des côtes et on peut m'admirer dans des aquariums. J'aime vivre en grandes bandes. Dans ma famille, il y a un drôle de numéro : le dauphin ambassadeur. C'est un animal solitaire qui cherche le contact des hommes.

L'oreille humaine n'entend pas tous les sons produits par les baleines et les dauphins.

Avec le temps, le chant d'une baleine évolue. Et dans ce cas, l'ancienne version n'est plus jamais reprise.

Quand la baleine chante

Pendant des heures ou des jours, les mâles, surtout chez les baleines à bosse, cherchent à séduire les femelles de leur chant répétitif. Le chant se compose de plusieurs morceaux différents, plus graves ou plus aigus. Il dure vingt minutes et il est repris jusqu'à ce que le mâle se lasse. Chanter sert aussi à se signaler dans l'eau et à avertir qu'un banc de poissons s'approche. C'est comme si la baleine disait : « À table ! » à ses compagnes. Et ça marche ! Des scientifiques ont reproduit ce chant et observé la réaction des poissons : ils s'enfuient à toutes nageoires !

L'une des espèces de baleines, le rorqual de Bryde, est spécialisée dans des mugissements très puissants. Ils s'entendent à des dizaines de kilomètres de distance.

Parler dauphin, c'est compliqué

Le dauphin a le langage le plus compliqué du monde animal. D'abord, il produit quantité de sons : soixante clics et neuf sifflements différents ! Il ajoute aussi des bruits curieux, comme un aboiement ou un gazouillis. Avec ce vocabulaire très riche, il peut parler d'amour, de jeux, de danger… et de poissons, bien sûr ! S'il repère un bon coin pour pêcher, on pense qu'il répète plusieurs fois le clic qui signifie « poisson ». Ses compagnons comprendront qu'il a vu un banc de poissons. Et pour appuyer ce qu'il dit, le dauphin produit même des gestes avec ses nageoires ou il fait des bulles !

La ligne de la bouche du grand dauphin lui donne l'air de sourire en permanence. Mais il se montre quelquefois agressif. Un claquement sec de la mâchoire signifie qu'il a envie de se battre.

Communiquer pour rester solidaire

Quelle bonne idée de « se parler » dans l'eau : le son y circule quatre fois plus vite que dans l'air. Donc, si une baleine croise une orque et transmet tout de suite la nouvelle à ses compagnes, une baleine qui circule à quelques kilomètres de là sera vite informée. Quant au dauphin, s'il s'éloigne de son groupe lors de la tombée de la nuit il multiplie les clics et les sifflements, comme pour dire : « Ohé ! les copains, je suis là ! » S'il lance un appel au secours, ses compagnons viendront aussitôt à sa rescousse, pour chasser un prédateur par exemple.

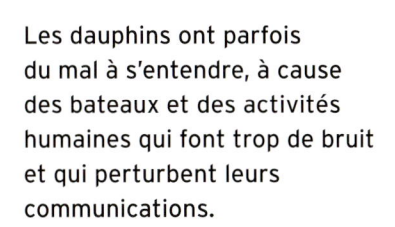

Les dauphins ont parfois du mal à s'entendre, à cause des bateaux et des activités humaines qui font trop de bruit et qui perturbent leurs communications.

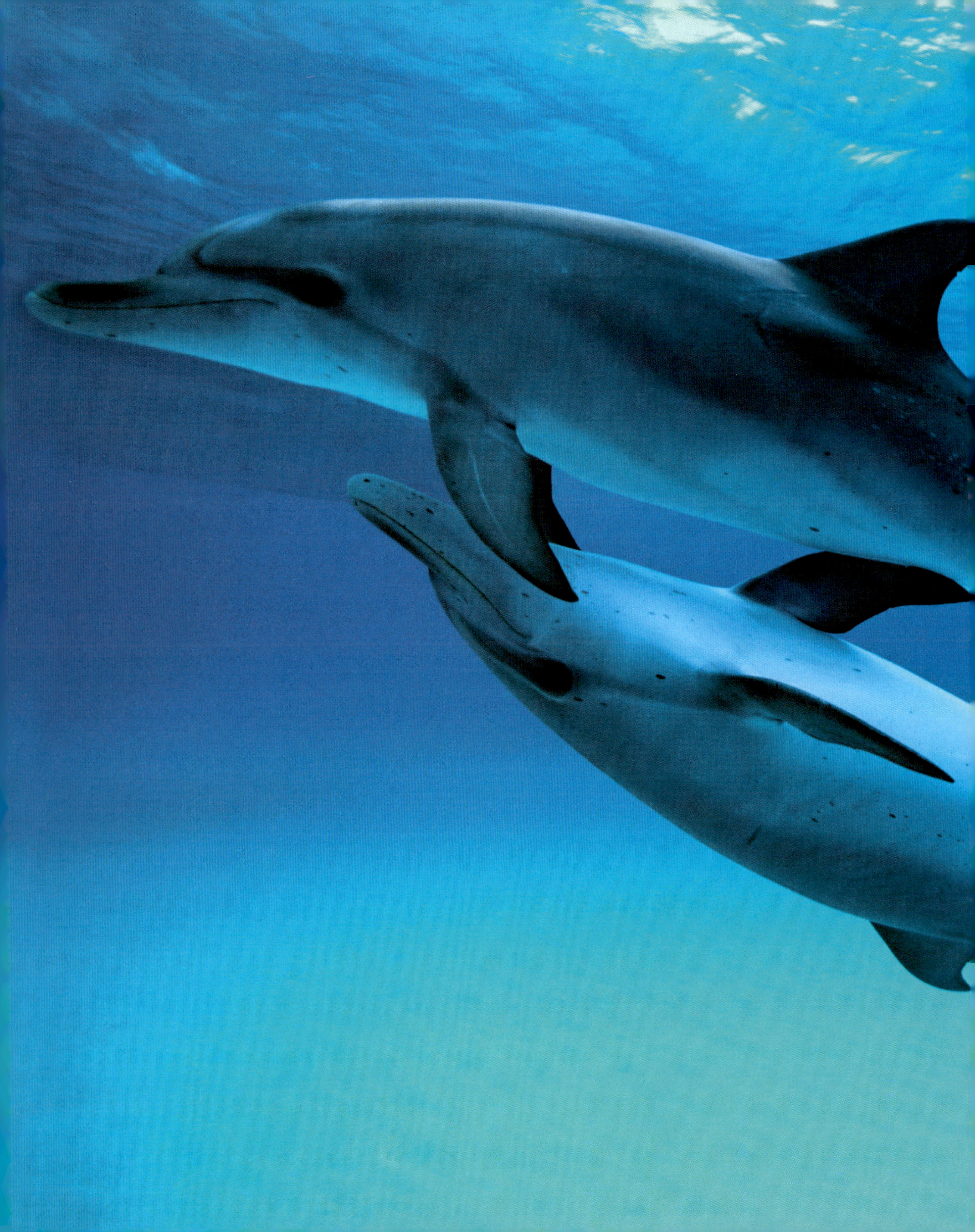

Un petit arrive...

Comme les autres mammifères, les femelles dauphins et baleines ne feront pas beaucoup de petits au cours de leur vie. En général, elles ne sont fécondables que tous les deux ans pour les baleines, tous les deux à trois ans pour les dauphins. C'est pour cela que la reproduction et la naissance sont deux moments importants, du moins dans la vie des femelles, car les mâles ne s'occupent guère des bébés : une fois l'accouplement terminé, ils s'en vont ! Pendant la période des amours, les femelles se font souvent féconder par plusieurs mâles pour être sûres d'être enceintes. Douze mois plus tard environ, un petit arrivera…

Avant de s'accoupler, le mâle et la femelle se frottent l'un contre l'autre et se mordillent. Puis l'accouplement des dauphins se déroule face à face, sous l'eau. Il ne dure pas plus de 30 secondes.

Où la femelle donne-t-elle naissance à son petit ?

Réponse 1 : Dans l'eau.
Réponse 2 : À la surface de l'eau.
Réponse 3 : Sur le sable.

Qui suis-je ?

Le dauphin tacheté

JE VIS :
Dans les eaux tropicales et tempérées de l'Atlantique. On me croise souvent aux Antilles.

MA TAILLE :
Je mesure de 1,65 à 2,30 mètres.

MON POIDS :
Je pèse au maximum 140 kilos.

MA PEAU EST :
Noire, couverte de petites taches blanches.

MES SIGNES PARTICULIERS :
Ma couleur varie avec l'âge. Jeune, je peux être confondu avec le grand dauphin, qui est gris foncé. En captivité, je me laisse mourir ; c'est pour cela que les aquariums ne s'intéressent plus à moi.

La femelle donne naissance à son petit dans l'eau.

Naître dans l'eau

Il faut à peu près deux heures à la femelle dauphin pour donner naissance à un petit. Le delphineau, c'est son nom, sort la queue la première. Peu à peu, son corps apparaît. Ses nageoires, plaquées contre son ventre, se déploient. Mais le petit dauphin ne peut pas encore nager tout seul. Vite ! Sa mère le porte jusqu'à la surface de l'eau pour qu'il prenne sa première bouffée d'air. Le baleineau, lui, impressionne dès sa naissance : le bébé de la baleine bleue pèse de deux à trois tonnes et mesure sept mètres de long.

Après 10 à 12 mois passés dans le ventre de sa mère, le bébé dauphin vient au monde. Selon les espèces, il mesure entre 80 centimètres et 1,75 mètre.

Un bébé allaité

Ce n'est pas commode de téter quand on n'a pas de lèvres, comme en ont les humains ! Seule solution pour les femelles baleines et dauphins : envoyer de grandes giclées de lait dans la bouche ou le bec entrouvert. La femelle dauphin allaite son petit pendant douze à dix-huit mois, même s'il commence à manger du poisson dès l'âge de quatre mois. Ce lait est très riche : en deux mois, le delphineau double son poids de naissance. Chez la baleine, chacun de ses jets procure plus de cent litres de lait d'un seul coup. À ce rythme, le baleineau pourra bientôt nager dans l'eau glacée sans avoir froid !

Grâce au lait très riche de sa mère, le petit de la baleine bleue prend 4 kilos… par heure !

On n'est pas trop de deux femelles pour veiller sur un nouveau-né. Quand sa mère plonge pour aller pêcher, la marraine reste à côté du petit dauphin.

Les mâles se battent parfois entre eux pour conquérir une femelle. Certaines des cicatrices de ce dauphin de Risso proviennent sûrement de ces combats.

La naissance, un moment risqué

La naissance est un moment délicat, surtout si la présence de sang attire un prédateur comme le requin. La femelle dauphin qui donne naissance à un bébé se fait assister par une « marraine », une autre femelle sans petit. Depuis plusieurs mois déjà, les deux femelles ne se quittent pas. Cette marraine, qui joue le rôle de sage-femme au moment de la naissance, gardera longtemps un œil attentif sur le delphineau.

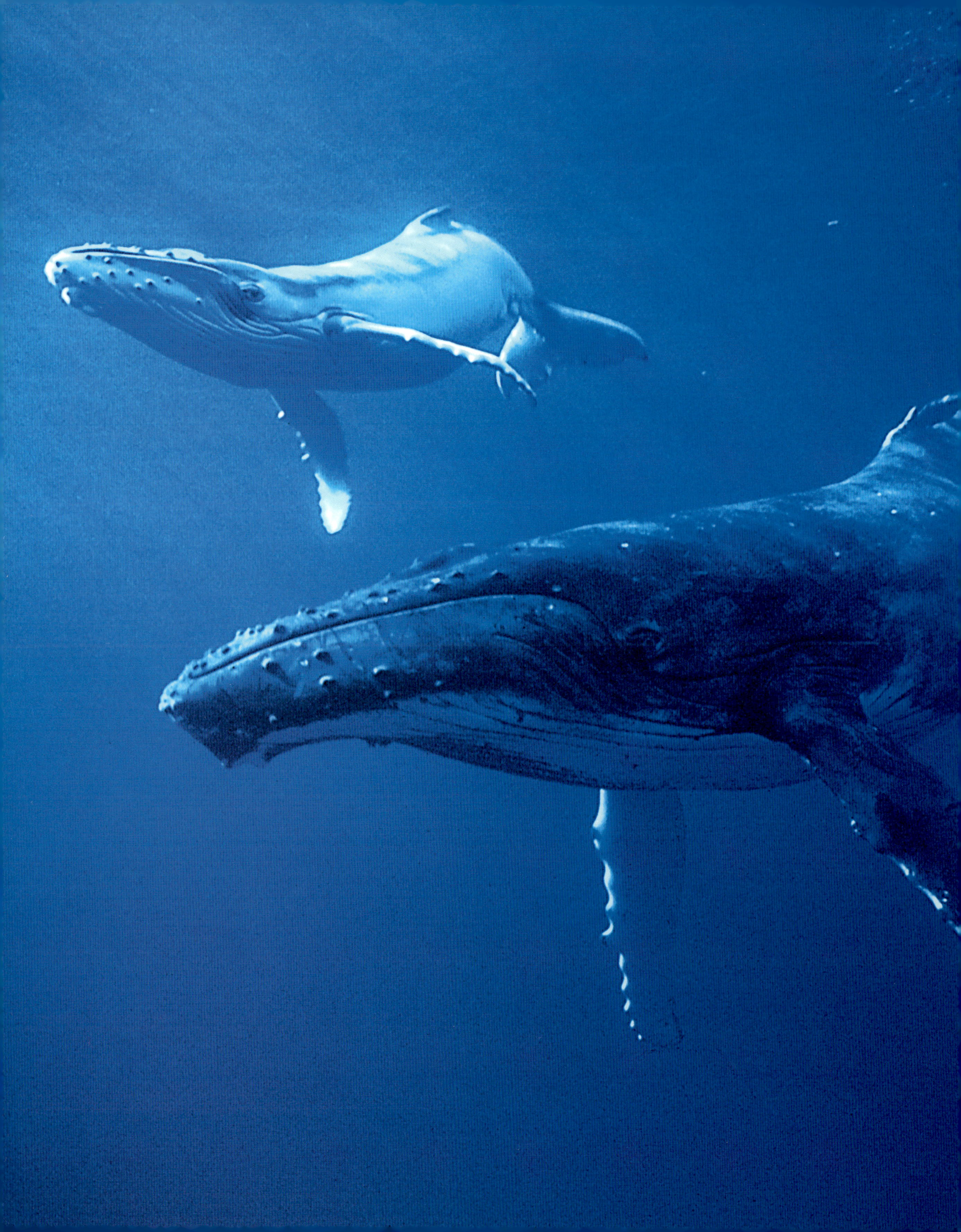

Grandir dans l'eau

Durant les premières semaines de sa vie, le petit ne quitte pas sa mère. Bientôt, il osera s'aventurer un peu plus loin. Mais survivre dans un milieu où l'on ne peut pas se cacher demande un long apprentissage ! C'est pour cela que les jeunes grandissent aux côtés de leur mère. Ils apprennent auprès d'elle ce qu'il faut savoir pour arriver à l'âge adulte et survivre dans l'océan. Car les dangers n'y manquent pas : l'orque et les requins ne sont jamais loin. Et les humains aussi gênent les baleines et les dauphins, avec leurs bateaux bruyants et leurs activités polluantes. Certains dauphins tombent même malades à cause de cette pollution.

Les liens sont très forts entre la baleine et son petit. Même une fois sevrés, certains baleineaux restent dans le sillage de leur mère.

Combien de temps la baleine et son petit vivent-ils côte à côte ?

Réponse 1 : Au moins 1 mois.
Réponse 2 : Au moins 5 ans.
Réponse 3 : Au moins 25 ans.

Qui suis-je ?

La baleine de Biscaye

JE VIS :
Dans l'hémisphère Nord.

MA TAILLE :
Je mesure de 14 à 18 mètres.

MON POIDS :
Je pèse de 30 à 80 tonnes.

MA PEAU EST :
Noire, avec des taches blanches.

MES SIGNES PARTICULIERS :
Je suis facile à reconnaître : sur le museau, au-dessus des yeux ou sur le menton, j'ai des grappes de coquillages qu'on appelle « balanes ». Il y en a tellement qu'on dirait que je porte un bonnet, une barbe ou des sourcils !

La baleine et son petit vivent côte à côte au moins 5 ans.

Une longue éducation

Pendant les cinq premières années de vie de son petit, la baleine, aidée d'autres femelles, montre au baleineau comment vivre jour après jour. Chez les dauphins, cet apprentissage est parfois plus long. La chasse, le langage, les jeux, la survie… il y a tellement de choses à connaître ! Le petit dauphin doit en plus apprendre à se reposer, mais d'un œil seulement. Car comme sa respiration n'est pas automatique, il ne doit pas s'endormir profondément. Sinon il se noierait. Alors, il flotte dans un demi-sommeil et ne s'endort jamais plus de cinq à six minutes de suite, plusieurs fois par jour.

Les premières années, la maman dauphin et son petit restent en contact étroit. Quand ils se quittent ou se retrouvent, ils se saluent en se frottant la nageoire pectorale.

Des liens mère-petit très étroits

Les femelles dauphins et baleines se montrent très tendres avec leurs petits. Quand la baleine nage aux côtés de son baleineau, elle l'entoure par moments de sa nageoire pectorale, comme si elle le prenait « sous son aile ». Mais elle sait aussi se montrer sévère, par exemple, quand elle doit punir son petit qui a été imprudent. Si un jeune dauphin a désobéi, sa mère l'attrape et le bloque au fond de l'eau… jusqu'à ce qu'il crie. Il apprend ainsi à se méfier des prédateurs.

Quand une femelle perçoit un danger, elle le signale en tapant l'eau avec sa queue. Ou alors, elle fait de grands mouvements de sa nageoire pectorale qui disent : « Viens par là ! ».

La vie entre jeunes

Lorsqu'ils ont grandi, les jeunes s'éloignent un peu du groupe des mères. Mais ils n'en sont jamais très loin et vivent en petites bandes. Ces bandes comptent une dizaine d'individus chez les jeunes baleines, jusqu'à une centaine pour les jeunes dauphins. Chez ces derniers, il y a une vraie solidarité dans le groupe. Si un dauphin est malade ou blessé, les membres de son clan le soutiennent et l'aident à remonter à la surface pour qu'il puisse respirer. Il est porté ainsi jusqu'à ce qu'il aille mieux.

En jouant ensemble, les jeunes dauphins développent leurs muscles et leur mémoire, et s'exercent à nager vite et bien. C'est comme s'ils s'entraînaient pour leur future vie d'adultes.

Certains dauphins apprécient la présence des hommes et se laissent facilement approcher.

Grand quiz sur les baleines et les dauphins

Elles soufflent de puissants jets de vapeur et jaillissent hors de l'eau pour se laisser retomber bruyamment dans la mer. Ils bondissent joyeusement dans les vagues et jouent dans l'étrave des bateaux… Les baleines et les dauphins t'ont raconté tous leurs secrets. Les voici à présent qui te posent quelques questions. À toi de trouver les bonnes réponses ! Et quand tu ne sais pas, cherche dans ton livre*.

UN CORPS POUR VIVRE DANS L'EAU

Les baleines et les dauphins sont :
Réponse 1 : Des mammifères.
Réponse 2 : Des crustacés.
Réponse 3 : Des poissons.

Quelle vitesse peut atteindre une baleine ?
Réponse 1 : 10 kilomètres à l'heure.
Réponse 2 : 40 kilomètres à l'heure.
Réponse 3 : 170 kilomètres à l'heure.

Pour faciliter la glisse, la peau du dauphin est couverte :
Réponse 1 : D'un très fin duvet.
Réponse 2 : D'une sorte d'huile.
Réponse 3 : De petits coquillages.

LA VIE ENTRE L'AIR ET L'EAU

Pourquoi les baleines et les dauphins doivent-ils remonter à la surface de l'eau ?
Réponse 1 : Pour se reposer.
Réponse 2 : Pour s'orienter.
Réponse 3 : Pour respirer.

Comment s'appellent les narines des baleines et des dauphins ?
Réponse 1 : L'évent.
Réponse 2 : L'événement.
Réponse 3 : L'auvent.

Comment bouge la nageoire caudale des baleines et des dauphins ?
Réponse 1 : De haut en bas.
Réponse 2 : De droite à gauche.
Réponse 3 : Comme une hélice, sur elle-même.

* Tu trouveras les solutions p. 58.

DES SENS BIEN ADAPTÉS

Quand la baleine sort la tête de l'eau :
- Réponse 1 : Elle entend aussi bien que lorsqu'elle est dans l'eau.
- Réponse 2 : Elle n'entend plus rien.
- Réponse 3 : Elle n'entend pas tous les sons.

Quelle est la partie du corps du dauphin qui peut produire des sons et en recevoir ?
- Réponse 1 : La queue.
- Réponse 2 : La nageoire dorsale.
- Réponse 3 : La mâchoire.

À quoi la peau de la baleine est-elle sensible ?
- Réponse 1 : Aux chatouilles.
- Réponse 2 : Aux changements de température de l'eau.
- Réponse 3 : Au contact avec des méduses.

LE SECRET DES DAUPHINS

Comment s'appelle le front du dauphin ?
- Réponse 1 : La pastèque.
- Réponse 2 : Le melon.
- Réponse 3 : La courgette.

Comment s'appellent les sons très brefs qu'envoie le dauphin pour s'orienter ?
- Réponse 1 : Des ultrasons.
- Réponse 2 : Des hypersons.
- Réponse 3 : Des maxisons.

Le système de l'écholocation ne fonctionne pas bien si :
- Réponse 1 : Il y a trop de vent.
- Réponse 2 : Il y a de trop grosses vagues.
- Réponse 3 : Il y a trop de bruit.

LA GRANDE FAMILLE DES BALEINES

Les baleines ont :
- Réponse 1 : Des fanons.
- Réponse 2 : Des futons.
- Réponse 3 : Des faons.

Quelle est la baleine qui a le plus gros appétit ?
- Réponse 1 : La baleine pygmée.
- Réponse 2 : La baleine bleue.
- Réponse 3 : La baleine de Cuvier.

Quel est l'autre nom du béluga ?
- Réponse 1 : La baleine verte.
- Réponse 2 : La baleine rouge.
- Réponse 3 : La baleine blanche.

CHASSEURS DE POISSONS

Où le krill est-il très abondant ?
- Réponse 1 : Dans les eaux polaires.
- Réponse 2 : Dans les régions proches de l'équateur.
- Réponse 3 : Nulle part, il n'y en a presque plus.

Pendant qu'un groupe de dauphins pêche, deux d'entre eux :
- Réponse 1 : Font la sieste.
- Réponse 2 : Font les clowns.
- Réponse 3 : Font le guet.

Les baleines effraient les poissons :
- Réponse 1 : En tapant leur queue sur l'eau.
- Réponse 2 : En faisant un mur de bulles.
- Réponse 3 : En s'approchant sans faire de bruit.

LES BALEINES, DE GRANDES VOYAGEUSES

Le voyage des pôles jusqu'aux régions proches de l'équateur dure :
- Réponse 1 : Environ 1 mois.
- Réponse 2 : Environ 3 mois.
- Réponse 3 : Environ 10 mois.

Lors des migrations, qui nage en tête ?
- Réponse 1 : Les vieilles baleines.
- Réponse 2 : Les femelles qui attendent un bébé et celles qui viennent de donner naissance à un petit.
- Réponse 3 : Les mâles.

Pour s'orienter dans l'eau, les baleines :
- Réponse 1 : Nagent en se laissant porter par les courants.
- Réponse 2 : Suivent leur chef, sans savoir où elles vont.
- Réponse 3 : Ont une sorte de boussole interne.

DES ACROBATES DANS LA MER

Quelle hauteur peuvent atteindre les sauts du dauphin ?
- Réponse 1 : 2 mètres.
- Réponse 2 : 6 mètres.
- Réponse 3 : 12 mètres.

Pour signaler un danger à ses compagnes, la baleine à bosse :
- Réponse 1 : Tourne dans l'eau très vite sur elle-même.
- Réponse 2 : Plonge très profondément.
- Réponse 3 : Saute et se laisse retomber sur le dos en agitant ses nageoires.

Quand le dauphin sort juste la tête de l'eau pour respirer, on dit qu'il :
- Réponse 1 : Marsouine.
- Réponse 2 : Cachalotte.
- Réponse 3 : Pingouine.

COMMENT SE PARLER DANS L'EAU ?

Quand deux dauphins se rencontrent, ils se présentent :
- Réponse 1 : En « sifflant » leur prénom.
- Réponse 2 : En se frottant le bec.
- Réponse 3 : En claquant leurs nageoires caudales l'une contre l'autre.

Pour séduire les baleines femelles, les baleines mâles :
- Réponse 1 : Chantent.
- Réponse 2 : Sifflent.
- Réponse 3 : Chuchotent.

Chez le dauphin, que signifie un claquement sec de la mâchoire ?
- Réponse 1 : Il a faim.
- Réponse 2 : Il a froid.
- Réponse 3 : Il a envie de se battre.

UN PETIT ARRIVE...

Comment s'appelle le petit de la baleine ?
- Réponse 1 : Le baleinier.
- Réponse 2 : Le ballet.
- Réponse 3 : Le baleineau.

La femelle du dauphin donne naissance à son bébé, aidée :
- Réponse 1 : D'une autre femelle qui n'a pas de petit.
- Réponse 2 : Du père du petit dauphin.
- Réponse 3 : D'une très vieille femelle.

Le petit dauphin sort du ventre de sa mère :
- Réponse 1 : La tête en premier.
- Réponse 2 : La queue en premier.
- Réponse 3 : Les nageoires pectorales en premier.

GRANDIR DANS L'EAU

La baleine de Biscaye vit :
- Réponse 1 : Dans l'hémisphère Nord.
- Réponse 2 : Dans l'hémisphère Sud.
- Réponse 3 : Dans les deux hémisphères.

Pour se reposer, le dauphin :
- Réponse 1 : Dort 8 heures de suite.
- Réponse 2 : S'allonge sur le dos.
- Réponse 3 : Fait plusieurs petits sommes de quelques minutes.

Quand un dauphin est malade, que font ses compagnons ?
- Réponse 1 : Ils l'abandonnent.
- Réponse 2 : Ils l'aident à remonter à la surface pour qu'il puisse respirer.
- Réponse 3 : Ils lui donnent beaucoup de poissons à manger.

Réponses au quiz

Un corps pour vivre dans l'eau
- Les baleines et les dauphins sont des mammifères.
- Une baleine peut atteindre 40 kilomètres à l'heure.
- Pour faciliter la glisse, la peau du dauphin est couverte d'une sorte d'huile.

La vie entre l'air et l'eau
- Les baleines et les dauphins doivent remonter à la surface de l'eau pour respirer.
- Les narines des baleines et des dauphins s'appellent l'évent.
- La nageoire caudale des baleines et des dauphins bouge de haut en bas.

Des sens bien adaptés
- Quand la baleine sort la tête de l'eau, elle n'entend plus rien.
- La partie du corps du dauphin qui peut produire des sons et en recevoir est la mâchoire.
- La peau de la baleine est sensible aux changements de température de l'eau.

Le secret des dauphins
- Le front du dauphin s'appelle le melon.
- Les sons très brefs qu'envoie le dauphin pour s'orienter s'appellent des ultrasons.
- Le système de l'écholocation ne fonctionne pas bien s'il y a trop de bruit.

La grande famille des baleines
- Les baleines ont des fanons.
- La baleine qui a le plus gros appétit est la baleine bleue.
- L'autre nom du béluga est la baleine blanche.

Chasseurs de poissons
- Le krill est très abondant dans les eaux polaires.
- Pendant qu'un groupe de dauphins pêche, deux d'entre eux font le guet.
- Les baleines effraient les poissons en faisant un mur de bulles.

Les baleines, de grandes voyageuses
- Le voyage des pôles jusqu'aux régions proches de l'équateur dure environ 3 mois.
- Lors des migrations, les femelles qui attendent un bébé et celles qui viennent de donner naissance à un petit nagent en tête.
- Pour s'orienter dans l'eau, les baleines ont une sorte de boussole interne.

Des acrobates dans la mer
- Les sauts du dauphin peuvent atteindre 6 mètres de haut.
- Pour signaler un danger à ses compagnes, la baleine à bosse saute et se laisse retomber sur le dos en agitant les nageoires.
- Quand le dauphin sort juste la tête de l'eau pour respirer, on dit qu'il marsouine.

Comment se parler dans l'eau ?
- Quand deux dauphins se rencontrent, ils se présentent en « sifflant » leur prénom.
- Pour séduire les baleines femelles, les baleines mâles chantent.
- Chez le dauphin, un claquement sec de la mâchoire signifie qu'il a envie de se battre.

Un petit arrive...
- Le petit de la baleine s'appelle le baleineau.
- La femelle du dauphin donne naissance à son bébé, aidée d'une autre femelle qui n'a pas de petit.
- Le petit dauphin sort du ventre de sa mère la queue en premier.

Grandir dans l'eau
- La baleine de Biscaye vit dans l'hémisphère Nord.
- Pour se reposer, le dauphin fait plusieurs petits sommes de quelques minutes.
- Quand un dauphin est malade, ses compagnons l'aident à remonter à la surface pour qu'il puisse respirer.

Petit vocabulaire scientifique

- **Allaiter**
Nourrir un petit avec son propre lait.

- **Balanes**
Coquillages qui vivent accrochés sur certaines baleines.

- **Baleineau**
Nom du petit de la baleine.

- **Béluga**
Dauphin blanc.

- **Captivité**
Se dit lorsqu'un animal ne vit pas dans son milieu naturel mais dans un zoo ou un aquarium.

- **Cétacés**
Mammifères marins.

- **Claquement**
Un des sons produits par le dauphin, grâce auquel il communique avec ses compagnons.

- **Delphineau**
Nom du petit du dauphin.

- **Écholocation**
Système qui consiste à envoyer des sons et à écouter leur écho pour s'orienter ou repérer des obstacles ou des proies.

- **Évent**
Narine placée sur le haut du crâne de certains mammifères marins, comme le dauphin ou la baleine.

- **Fanons**
Lamelles cornées qui garnissent la bouche des baleines et avec lesquelles elles filtrent l'eau pour se nourrir.

- **Hémisphère**
Moitié de la terre, située soit au nord, soit au sud.

- **Krill**
Banc de petits crustacés dont se nourrissent certains animaux marins, dont les baleines.

- **Mammifères**
Se dit des animaux qui allaitent leurs petits.

- **Melon**
Front du dauphin.

- **Migration**
Déplacement d'animaux, qui passent d'une région de la planète à une autre.

- **Nageoire caudale**
Nageoire située à l'extrémité du corps de l'animal et lui servant de queue.

- **Nageoires pectorales**
Nageoires situées de chaque côté du ventre ; leur squelette est identique à celui des bras humains.

- **Odorat**
Sens qui permet de sentir les odeurs.

- **Ouïe**
Sens qui permet d'entendre les sons.

- **Poumons**
Organes de la respiration. Comme les autres mammifères, les baleines et les dauphins ont des poumons.

- **Prédateur**
Animal qui chasse et tue d'autres animaux pour se nourrir.

- **Reproduire (se)**
Faire des petits.

- **Respiration**
Le fait d'aspirer et de rejeter de l'air.

- **Rorqual**
C'est le nom d'une des espèces de baleines.

- **Rostre**
Bec du dauphin.

- **Saison des amours**
Période de l'année pendant laquelle mâles et femelles se reproduisent.

- **Sevrer**
Cesser peu à peu d'allaiter son petit.

- **Solidarité**
Le fait de s'aider les uns les autres, entre individus d'une même espèce.

- **Toucher**
Sens qui permet aux baleines et aux dauphins de communiquer entre eux par contact direct d'une partie de leur corps.

- **Vibrisses**
Poils très sensibles que portent certains animaux. Ceux de la baleine ou du dauphin se situent autour de la bouche.

- **Ultrasons**
Sons très aigus que les humains ne sont pas capables d'entendre. Ils sont produits par le dauphin pour se repérer dans l'eau ou pour chasser.

Crédits photographiques

© BIOSPHOTO

B. Cole : page 8/9
F. Gohier : pages 10, 12 (b), 17 (h et b), 21 (b), 27, 36 (h)
D.B. Fleetham/OSF : pages 11, 29 (h)
M. Ushioda/Water Frame: page 13 (h)
T. Roger : pages 14, 15
C. Swann : pages 4 (d), 16 (h), 23, 29 (b), 40 (b), 48 (b)
T. Martin/OSF : page 16 (b)
A. Mafart-Renodier : page 19
M. Ushioda/Water Frame : page 20 (h)
Y. Lefèvre : page 20 (b)
A. Rosenfeld/Science Photo Library : page 21 (h)
S. Cordier : page 22
J.L. Klein et M.L. Hubert : pages 24 (h), 35, 45 (h), 47, 4e de couv.
G. Douwma/Science Photo Library : page 24 (b)
M. Carwardine : pages 25 (h), 28 (b)
M. Hutchinson/Splashdown : page 25
Visual and Written : page 26
K. Aitken/Visual and Written : page 28 (h)
D. Cox/OSF : page 30
D. Frank/Splashdown : page 31
F. Banfi/Water Frame : page 32 (b)
Gulf of Maine Prod/Splashdown : page 33
J.P. Ferrero : pages 34, 37 (b)
B. Osborne/OSF : page 36 (b)
G. Van Langenhove : page 37 (h)
M et C. Denis-Huot : page 38
G. Soury : pages 39, 53 (h)
J. Rotman : page 40 (h)
R. Valarcher : page 41 (h)
J. Cassou : page 41 (b)
B. Cole : pages 43, 46
L. Steiner/Splashdown : page 45 (b)
V. Fournier/Parc Astérix : pages 48 (h), 49 (h)
K. Hartman/Foto Natura : page 49 (b)
Y. Lefèvre : page 50
D. Watts : page 51
J. Bird/P. Arnold : page 53 (b)

© CORBIS

P.A Souders : page 13 (b)

© GETTY IMAGES

J. Eastcott et Y. Momatiuk/National Geographic : pages 5 (d), 12 (h)
J. Van Os : pages 4 (g), 5 (g), 42
D. Allan et S. Flood : 52 (b)

© SUNSET

K. Howard : pages 4 (m), 18
Animals-Animals : page 32 (h)
R. Interstock : page 44 (h et b)
A. Stanzani/ardea.com : pages 5 (m), 52 (h)

Photographie de couverture
© BIOSPHOTO : J.-L. Klein et M.-L. Hubert

Dans la même collection

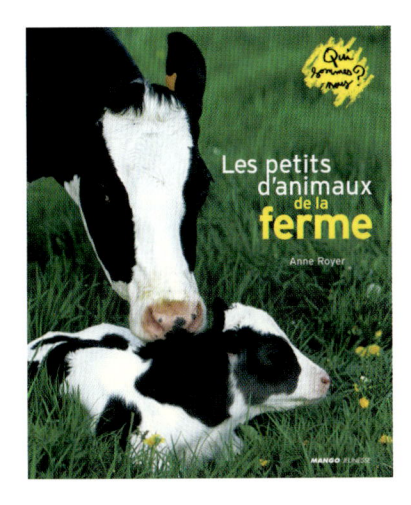

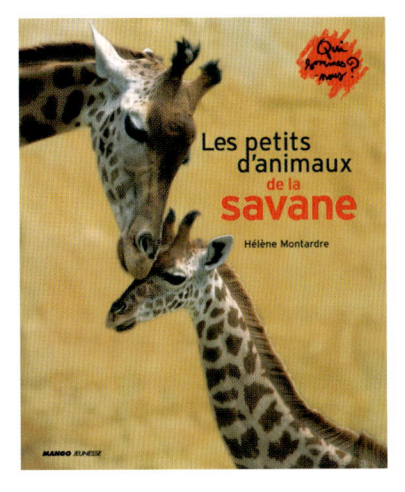

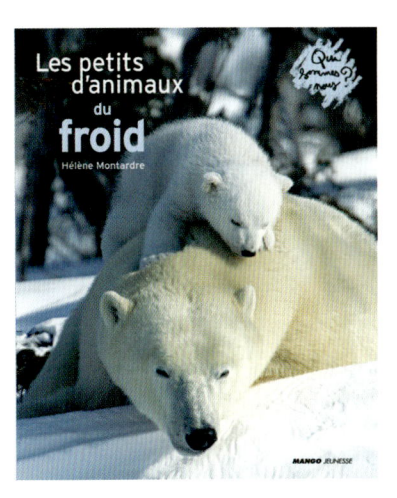

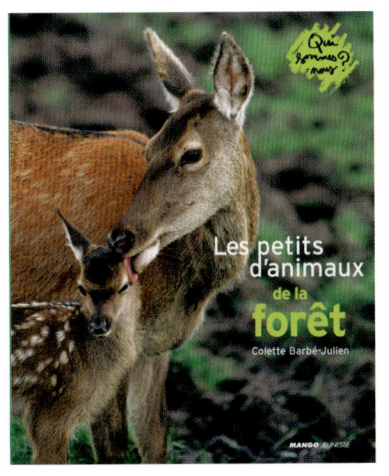

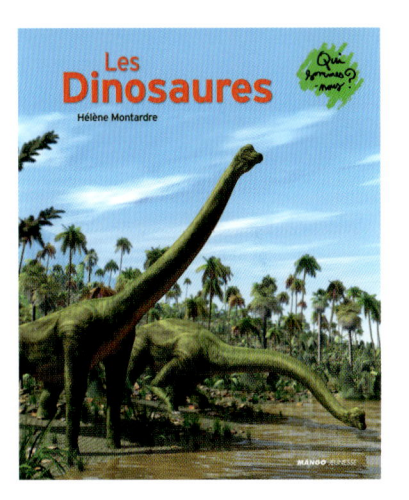

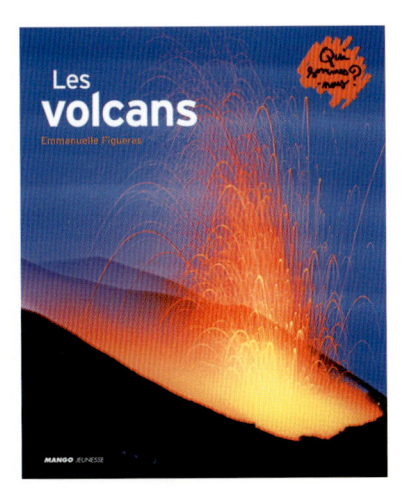

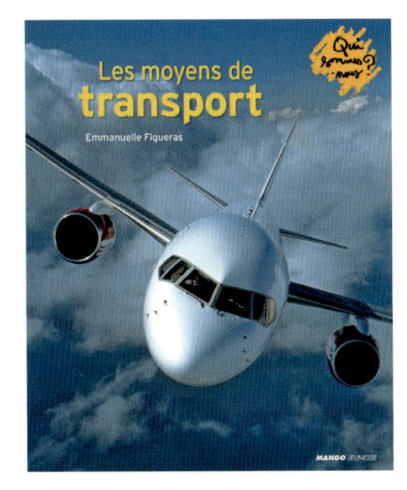

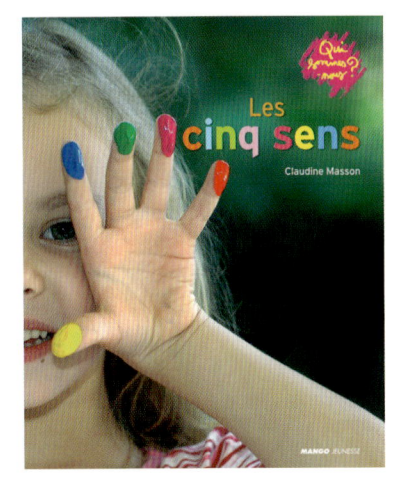

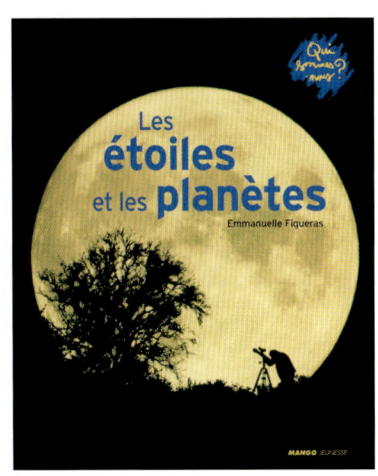

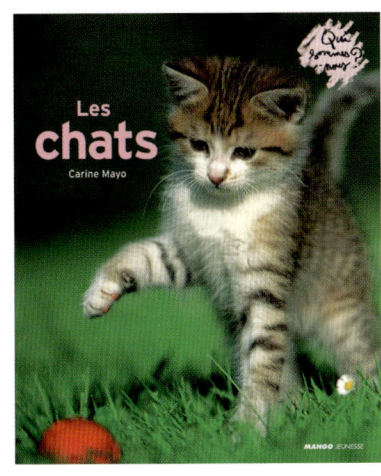

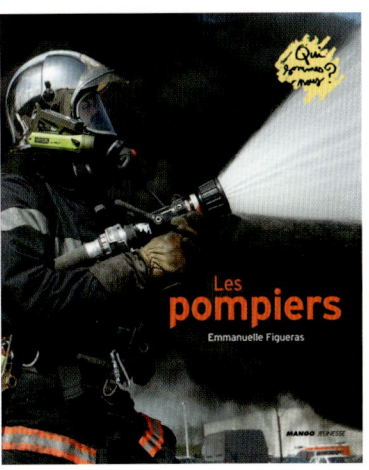

- Les petits d'animaux de la ferme — Anne Royer
- Les petits d'animaux de la savane — Hélène Montardre
- Les petits d'animaux du froid — Hélène Montardre
- Les chevaux — Anne Royer
- Les petits d'animaux de la forêt — Colette Barbé-Julien
- Les petits d'animaux de la mer — Anne Royer
- Les petits d'animaux de la campagne — Colette Barbé-Julien
- Les Dinosaures — Hélène Montardre
- Les volcans — Emmanuelle Figueras
- Les moyens de transport — Emmanuelle Figueras
- Les cinq sens — Claudine Masson
- Les étoiles et les planètes — Emmanuelle Figueras
- Les chats — Carine Mayo
- Les caprices de la météo — Claudine et Jean-Michel Masson
- Les pompiers — Emmanuelle Figueras